школа - maktab	2
путовање - sayohat	5
транспорт - transport	8
град - shahar	10
пејсаж - manzara	14
ресторан - restoran	17
супермаркет - supermarket	20
напитци - ichimliklar	22
јело - taom	23
сеоско газдинство - chorvachilik xo'jaligi	27
кућа - uy	31
дневна соба - mehmonxona	33
кухиња - oshxona	35
купаоница - vannaxona	38
дечија соба - bolalar xonasi	42
одећа - kiyim	44
канцеларија - idora	49
економија - iqtisod	51
занимања - kasblar	53
алати - asboblar	56
музички инструмент - musiqa asboblari	57
зоолошки врт - hayvonot bog'i	59
спорт - sport o'yinlari	62
активности - mashg'ulot	63
породица - oila	67
тело - tana	68
болница - shifoxona	72
хитни случај - tez yordam	76
земља - yer	77
сат - soat	79
седмица - xafta	80
година - yil	81
облици - shakllar	83
боје - ranglar	84
супротности - qarama-qarshi ma'noli so'zlar	85
бројеви - raqamlar	88
језици - tillar	90
ко / шта / како - kim / nima / qanday	91
где - qayerda	92

Impressum
Verlag: BABADADA GmbH, Nedderfeld 112 , 22529 Hamburg
Geschäftsführer / Verlagsleitung: Harald Hof
Druck: Books on Demand GmbH, In de Tarpen 42, 22848 Norderstedt

Imprint
Publisher: BABADADA GmbH, Nedderfeld 112 , 22529 Hamburg, Germany
Managing Director / Publishing direction: Harald Hof
Print: Books on Demand GmbH, In de Tarpen 42, 22848 Norderstedt, Germany

школа
maktab

учиона / sinf
делити / bo'lmoq
плоча / doska
школско двориште / maktab hovlisi
наставник / o'qituvchi
папир / qog'oz
писати / yozmoq
хемијска оловка / ruchka
писаћи сто / ish stoli
лењир / lineyka
књига / kitob
ученик / o'quvchi

торба
osma sumka

перница
qalamdon

графитна оловка
qalam

шиљило за оловке
qalam uchlagich

гумица за брисање
o'chirgich

блок за цртање
rasm albomi

цртеж
chizmachilik

кист
bo'yoq cho'tka

кутија са бојама
bo'yoqdon

маказе
qaychi

лепило
yelim

бележница
mashg'ulot daftari

домаћи задатак
uy ishi

број
raqam

сабирати
qo'shmoq

одузимати
ayirmoq

множити
ko'paytirmoq

рачунати
sanamoq

слово
xat

абецеда
alifbo

реч
so'z boyligi

школа - maktab

текст
matn

читати
oʻqimoq

креда
boʻr

час
dars

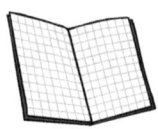

дневник
jurnal

испит
imtihon

сведочанство
guvohnoma

школска униформа
maktab formasi

образовање
taʼlim

лексикон
qomus

универзитет
oliygoh

микроскоп
mikroskop

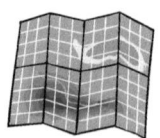

карта
xarita

кошара за папир
urna

путовање
sayohat

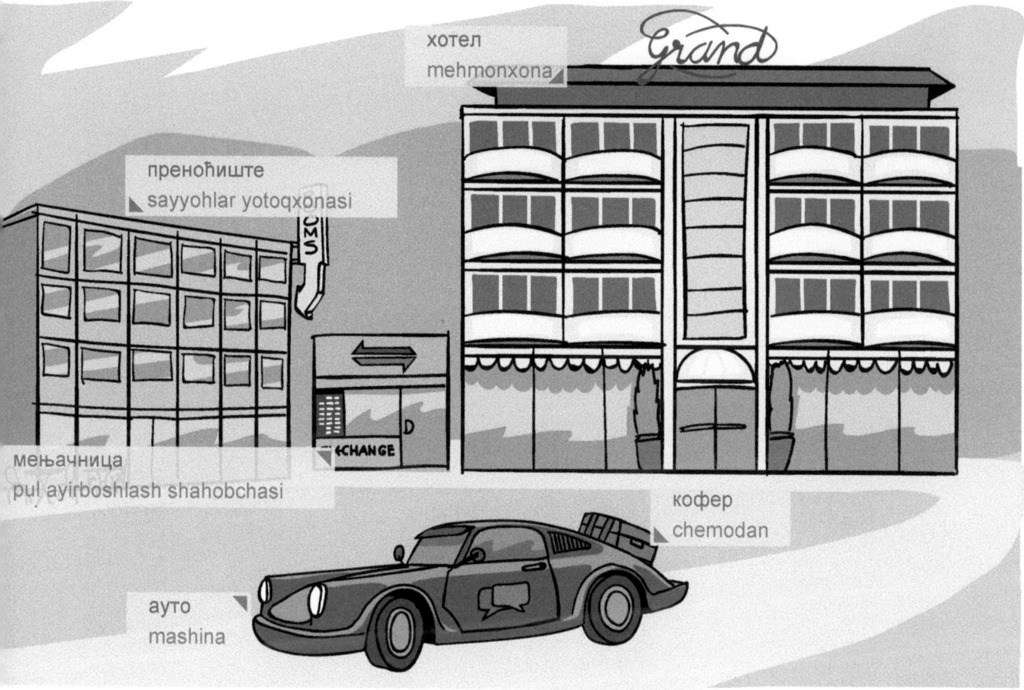

хотел
mehmonxona
Grand
преноћиште
sayyohlar yotoqxonasi
мењачница
pul ayirboshlash shahobchasi
кофер
chemodan
ауто
mashina

језик

til

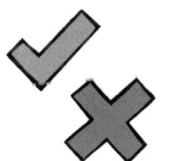

да / не

ha / yo‘q

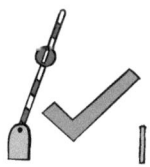

океј

Xo‘p

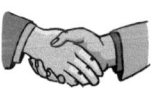

здраво

salom

преводилац

tarjimon

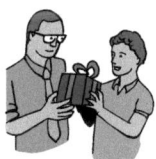

хвала

Raxmat

Колико кошта...?
necha pul...?

не разумем
Tushunmadim

проблем
muammo

добро вече!
Xayrli kech!

Добро јутро!
Xayrli tong!

Лаку ноћ!
Xayrli tun!

довиђења
ko'rishguncha

смер
yo'nalish

пртљага
yo'lovchi yuki

торба
safarxalta

руксак
yuk xalta

гост
mehmon

соба
xona

врећа за спавање
uyquqor

шатор
palatka

путовање - sayohat

туристичке информације

sayohlarga ma'lumot berish stoli

плажа

plyaj

кредитна картица

omonat karta

доручак

nonushta

ручак

nonushta

вечера

kechki ovqat

карта за вожњу

chipta

лифт

lift

поштанска маркица

marka

граница

chegara

царина

bojxona

амбасада

elchixona

виза

viza

пасош

pasport

путовање - sayohat

транспорт
transport

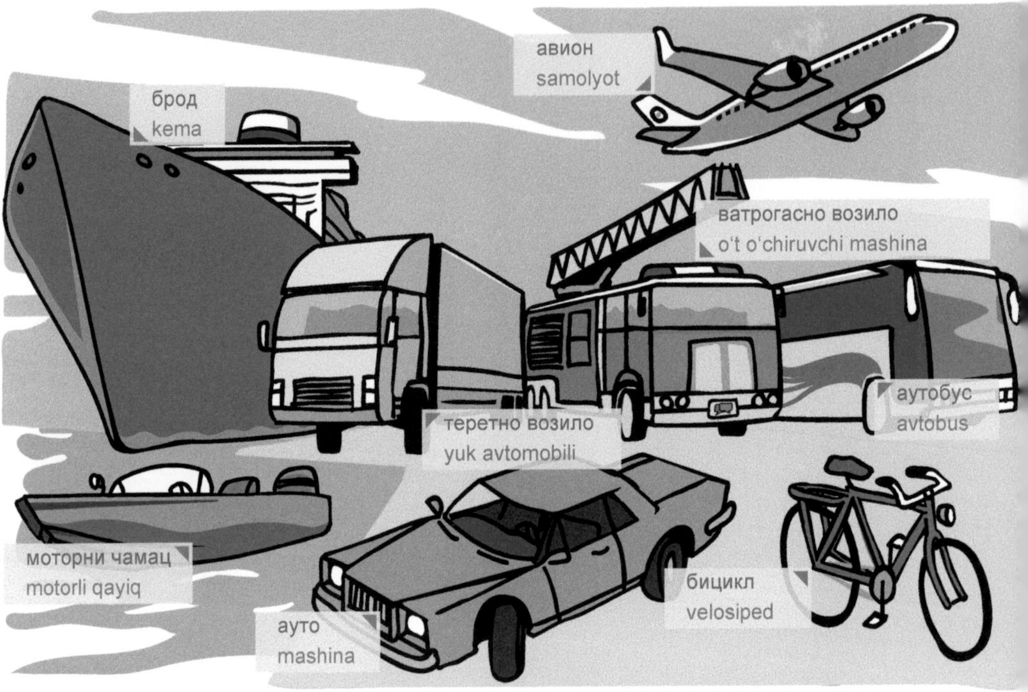

авион
samolyot

брод
kema

ватрогасно возило
o't o'chiruvchi mashina

аутобус
avtobus

теретно возило
yuk avtomobili

моторни чамац
motorli qayiq

ауто
mashina

бицикл
velosiped

трајект
solsimon yassi kema

чамац
qayiq

мотоцикл
mototsikl

полицијски ауто
posbon mashinasi

тркаћи ауто
poyga mashinasi

изнајмљено ауто
kiraga olingan avtoulov

транспорт - transport

дељење аутомобила
avtoijara

вучно возило
shatakka oluvchi yuk avtomobili

возило за одвоз смећа
axlat mashinasi

мотор
motor

бензин
yoqilg'i

бензинска станица
yoqilg'i quyish shahobchasi

саобраћајни знак
yo'l belgisi

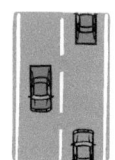

саобраћај
yo'l harakati

застој
tirband

паркиралиште
avtomobil to'xtab turish joyi

железничка станица
poyezd bekati

шине
rels

воз
poyezd

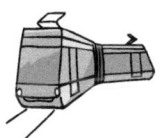

трамвај
tramvay

вагон
vagon

транспорт - transport

хеликоптер
vertolyot

аеродром
aeroport

кула
minora

путник
yo'lovchi

контејнер
konteyner

картон
qog'oz quti

колица
aravacha

корпа
savat

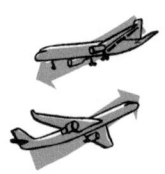
узлетети / слетети
uchmoq / qo'nmoq

град
shahar

село
qishloq

центар града
shahar markazi

кућа
uy

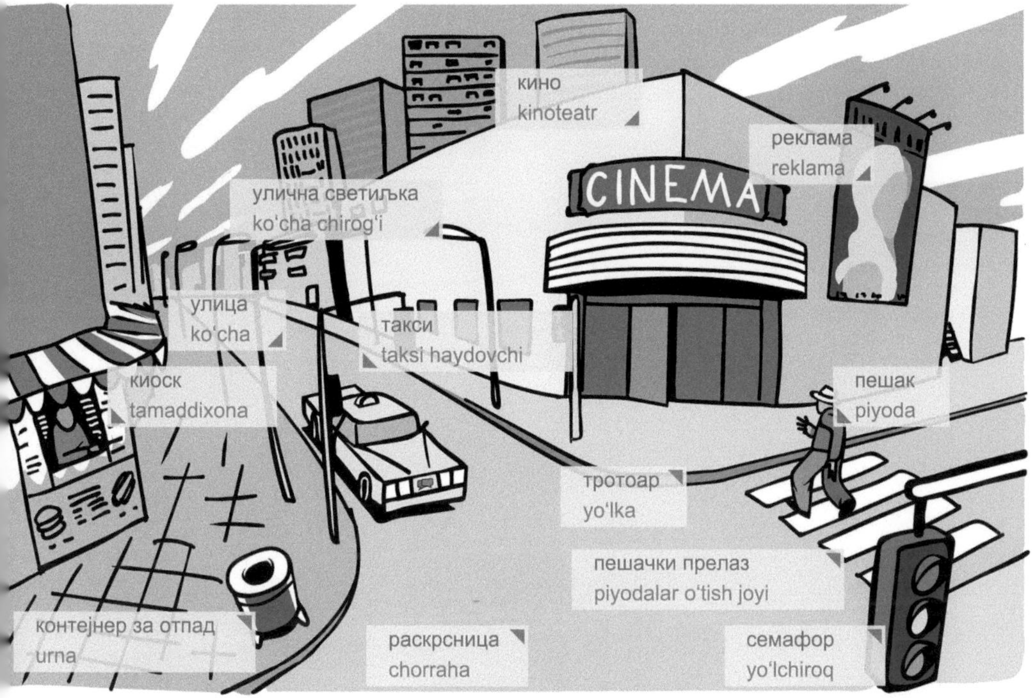

кино
kinoteatr

реклама
reklama

улична светиљка
ko'cha chirog'i

улица
ko'cha

такси
taksi haydovchi

киоск
tamaddixona

пешак
piyoda

тротоар
yo'lka

пешачки прелаз
piyodalar o'tish joyi

контејнер за отпад
urna

раскрсница
chorraha

семафор
yo'lchiroq

колиба
kulba

стан
kvartira

железничка станица
poyezd bekati

већница
mahalliy hokimiyat binosi

музеј
muzey

школа
maktab

град - shahar

универзитет

oliygoh

банка

bank

болница

shifoxona

хотел

mehmonxona

апотека

dorixona

канцеларија

idora

књижара

kitob do'koni

продавница

do'kon

цвећара

gul do'koni

супермаркет

supermarket

трг

bozor

робна кућа

univermag

рибарница

baliq do'koni

трговачки центар

savdo markazi

лука

bandargoh

град - shahar

парк
istirohat bog'i

клупа
bank

мост
ko'prik

степенице
zinapoya

подземна железница
metro

тунел
yer osti yo'li

аутобуска станица
avtobus bekati

бар
bar

ресторан
restoran

поштанско сандуче
pochta qutisi

улични знак
ko'cha yozuv osma taxtasi

паркирни аутомат
to'xtab turish vaqtini hisoblagach

зоолошки врт
hayvonot bog'i

базен
basseyn

џамија
masjid

град - shahar

сеоско газдинство
chorvachilik xo'jaligi

загађење околине
atrof-muhit ifloslanishi

гробље
qabriston

црква
ibodatxona

игралиште
bolalar o'yingohi

храм
ehrom

пејсаж
manzara

- лист — yaproq
- путоказ — yo'lko'rsatgich
- пут — yo'l
- ливада — o'tloq
- камен — tosh
- дрво — daraxt
- шетач — sayyoh
- река — daryo
- трава — maysa
- цвет — gul

пејсаж - manzara

 долина vodiy	 планина qir	 језеро ko'l
 шума o'rmon	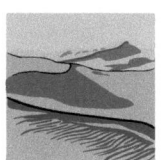 пустиња cho'l	 вулкан vulkan
 дворац qal'a	 дуга kamalak	 гљива qo'ziqorin
 палма palma daraxti	 москито pashsha	 мува chivin
 мрав chumoli	 пчела asalari	 паук o'rgimchak

пејсаж - manzara

буба
qo'ng'iz

жаба
qurbaqa

веверица
olmaxon

јеж
tipratikon

зец
quyon

сова
ukki

птица
qush

лабуд
oqqush

дивља свиња
erkak cho'chqa

јелен
bug'u

лос
butoq shohli kiyik

насип
to'g'on

ветрењача
shamol generatori

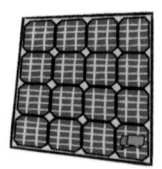
соларна плоча
quyosh batareyasi

клима
iqlim

пејсаж - manzara

ресторан
restoran

- конобар / ofitsiant
- јеловник / taomnoma
- столица / stul
- супа / sho'rva
- пица / pitstsa
- прибор за јело / oshxona anjomlari
- столњак / dasturxon

предјело
gazak

главно јело
asosiy taom

десерт
desert

напитци
ichimliklar

јело
taom

флаша
butilka

брза храна

tez pishar taom

имбис храна

ko'cha taomi

чајник

choynak

доза за шећер

shakardon

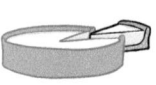

порција

portsiya

апарат за еспресо

espresso kofe mashinasi

висока столица

bolalar kursichasi

рачун

hisob

послужавник

lagan

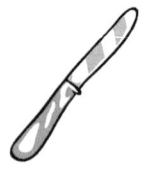

нож

pichoq

виљушка

sanchqi

кашика

qoshiq

чајна кашика

choy qoshiq

салвета

qo'l sochiq

чаша

stakan

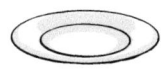		
тањир likop	тањир за супу sho'rva kosa	тањирић taqsimcha
	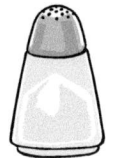	
сос qayla	сољенка tuzdon	млин за бибер qalampir yanchgich
		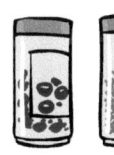
сирће sirka	уље yog'	зачини ziravorlar

кечап ketchup	сенф xantal	мајонеза mayonez

супермаркет
supermarket

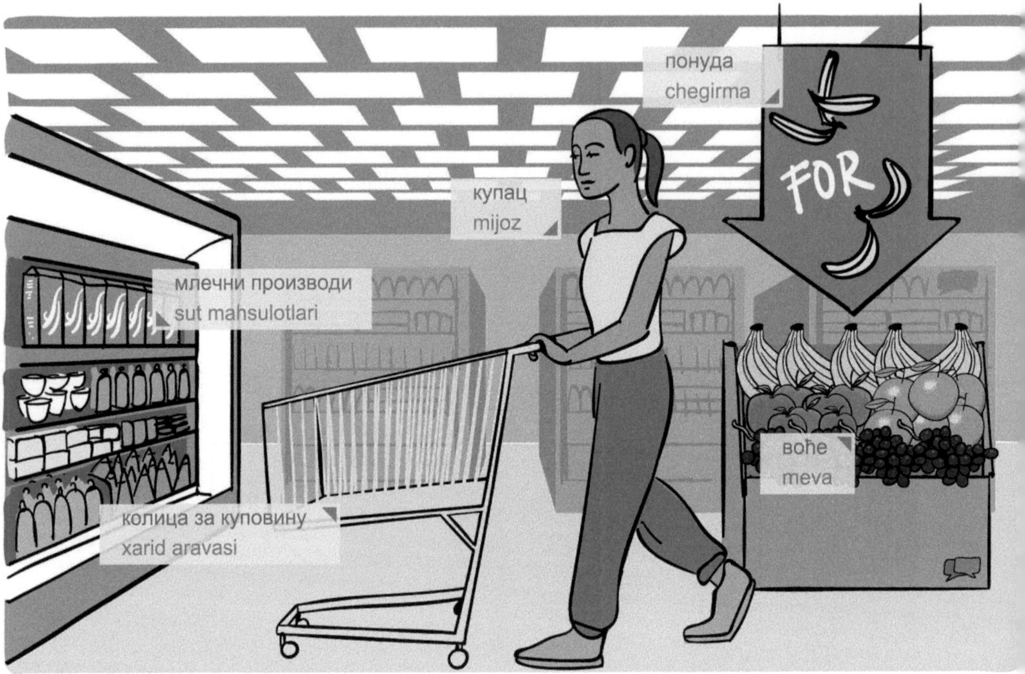

понуда
chegirma
FOR
купац
mijoz
млечни производи
sut mahsulotlari
воће
meva
колица за куповину
xarid aravasi

BUTCHERS

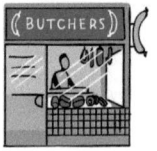

месница

qassobxona

BAKERY

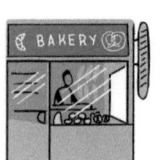

пекара

nonvoyxona

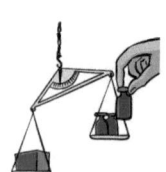

вагати

tarozida oʻlchamoq

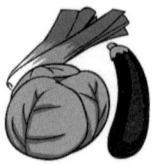

поврће

sabzavot

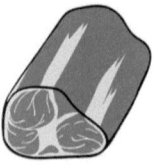

месо

goʻsht

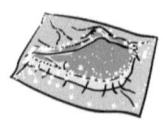

смрзнута храна

muzlatilgan taomlar

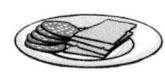
нарезак
yaxna go'sht

конзерве
konserva

средство за прање
kir yuvish vositasi

слаткиши
shirinliklar

артикли за домаћинство
kundalik iste'mol taomlari

средства за чишћење
yuvish vositalari

продавачица
sotuvchi

благајна
kassa

благајник
kassachi

листа за куповину
xarid ro'yxati

време рада
ish vaqti

новчаник
hamyon

кредитна картица
omonat karta

торба
xalta

пластична кеса
tsellofan xalta

супермаркет - supermarket

напитци
ichimliklar

вода
suv

сок
sharbat

млеко
sut

кола
koka-kola

вино
vino

пиво
pivo

алкохол
spirtli ichimlik

какао
kakao

чај
choy

кава
kofe

еспресо
espresso

капућино
kapuchino

јело
taom

банана
banan

јабука
olmaxon

наранџа
apelsin

лубеница
qovun

лимун
limon

шаргарепа
sabzi

бели лук
sarimsoq

бамбус
bambuk

лук
piyoz

гљива
qo'ziqorin

орашасти плодови
yong'oq

резанци
lag'mon

шпагете
spagetti

рижа
guruch

салата
salat

помфрит
kartoshka-fri

печени крумпир
qovurilgan kartoshka

пица
pitstsa

хамбургер
gamburger

сендвич
sendvich

шницла
to'qmoqlangan to'sh qiymasi

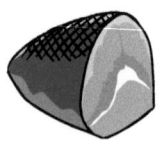

шунка
dudlangan cho'chqa go'shti

салама
salyami kolbasasi

кобасица
sosiska

кокош
tovuq go'shti

печење
qovurilgan

риба
baliq

зобене пахуљице	мусли	кукурузне пахуљице
suli bo'tqasi	myusli	makkajo'xori yormasi

брашно	кроасан	пециво
un	frantsuz bulochkasi	bulochka

хлеб	тоаст	кекси
non	qizartirilgan non burdasi	pishiriq

маслац	свежи сир	колач
sariyog'	tvorog	pirog

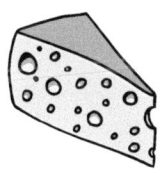

jaje	jaje на око	сир
tuxum	qovurilgan tuxum	pishloq

jeло - taom

сладолед
muzqaymoq

шећер
shakar

мед
asal

мармелада
murabbo

нугат крема
shokolad pastasi

кари
zarchava

jelo - taom

сеоско газдинство
chorvachilik xoʻjaligi

сеоска кућа / dehqon uyi
амбар / pichanxona
бале сена / poxol tuguni
поље / dala
коњ / ot
приколица / tirkama
ждребе / qulun
трактор / traktor
магарац / eshak
овца / qoʻy
лане / qoʻzi

коза
echki

крава
sigir

теле
buzoq

свиња
choʻchqa

прасе
choʻchqa bolasi

бик
buqa

гуска
g'oz

патка
o'rdak

пилићи
jo'ja

кокош
tovuq

петао
xo'roz

пацов
kalamush

мачка
mushuk

миш
sichqon

вол
ho'kiz

пас
it

кућица за пса
katalak

вртно црево
hovli bog' shlangi

канта за поливање
gulchelak

коса
belo'roq

плуг
temir omoch

сеоско газдинство - chorvachilik xo'jaligi

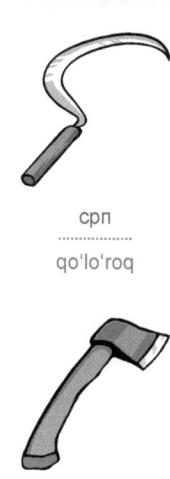

срп
qo'lo'roq

мотика
chopqi

виљушка за ђубриво
panshaxa

секира
bolta

тачке
g'altakarava

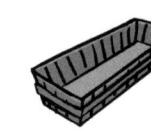

корито
oxur

посуда за млеко
sut bidoni

врећа
to'rva

ограда
panjara

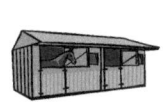

штала
og'ilxona

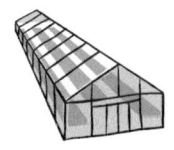

стакленик
issiqxona

земља
tuproq

семе
urug'

ђубриво
o'g'it

комбајн
kombayn

сеоско газдинство - chorvachilik xo'jaligi

жети
hosil olmoq

жетва
yig'im-terim

јамс зачин
yams

пшеница
bug'doy

соја
soya

крумпир
kartoshka

кукуруз
makkajo'xori

уљана репица
raps urug'i

воћка
mevali daraxt

гомољ маниоке
maniok

житарице
yorma

кућа
uy

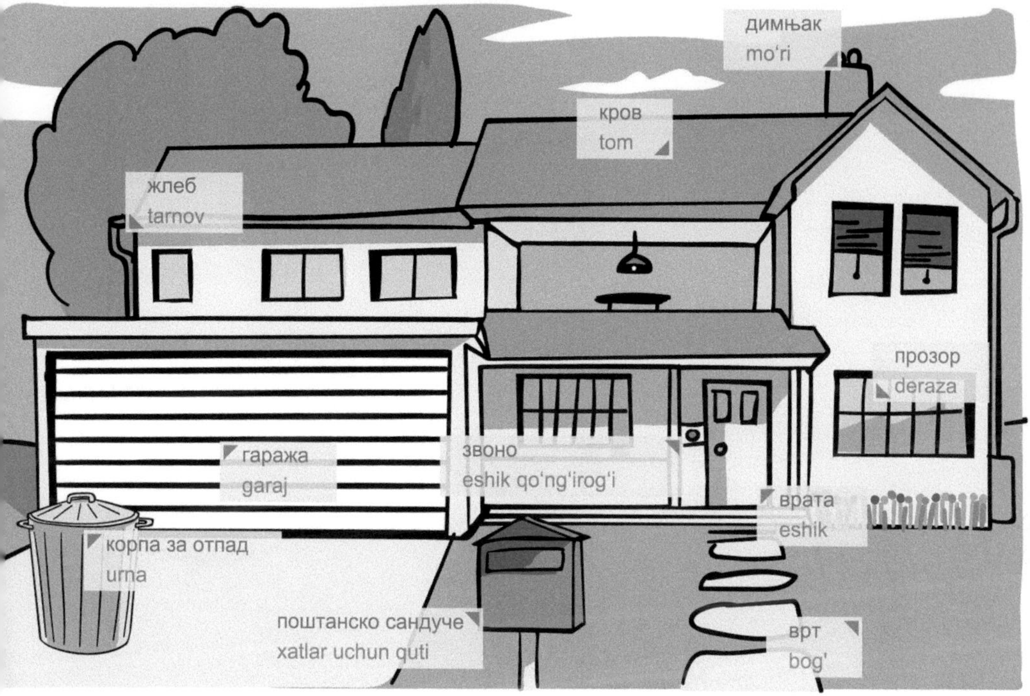

димњак
mo'ri

кров
tom

жлеб
tarnov

прозор
deraza

гаража
garaj

звоно
eshik qo'ng'irog'i

врата
eshik

корпа за отпад
urna

поштанско сандуче
xatlar uchun quti

врт
bog'

дневна соба

mehmonxona

купаоница

vannaxona

кухиња

oshxona

спаваћа соба

yotoqxona

дечија соба

bolalar xonasi

трпезарија

oshxona

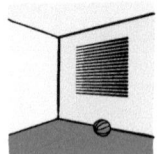

под
pol

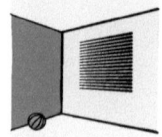

зид
devor

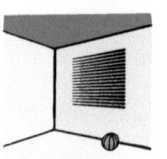

строп
ship

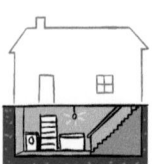

подрум
podval

сауна
sauna

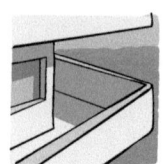

балкон
balkon

тераса
ayvon

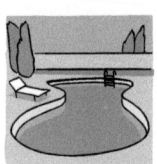

базен
basseyn

косилица за траву
oʻt oʻrgich mashina

постељина за кревет
koʻrpajild

дека за кревет
choyshab

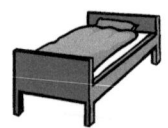

кревет
krovat

метла
supurgi

канта
paqir

прекидач
murvat

кућа - uy

дневна соба
mehmonxona

тапета / gulqog'oz
слика / surat
светиљка / chiroq
регал / tokcha
ормар / javon
камин / o'chog'
телевизија / televizor
цвет / gul
јастук / yostiq
ваза / guldon
кауч / divan
даљински управљач / masofadan boshqarish pulti

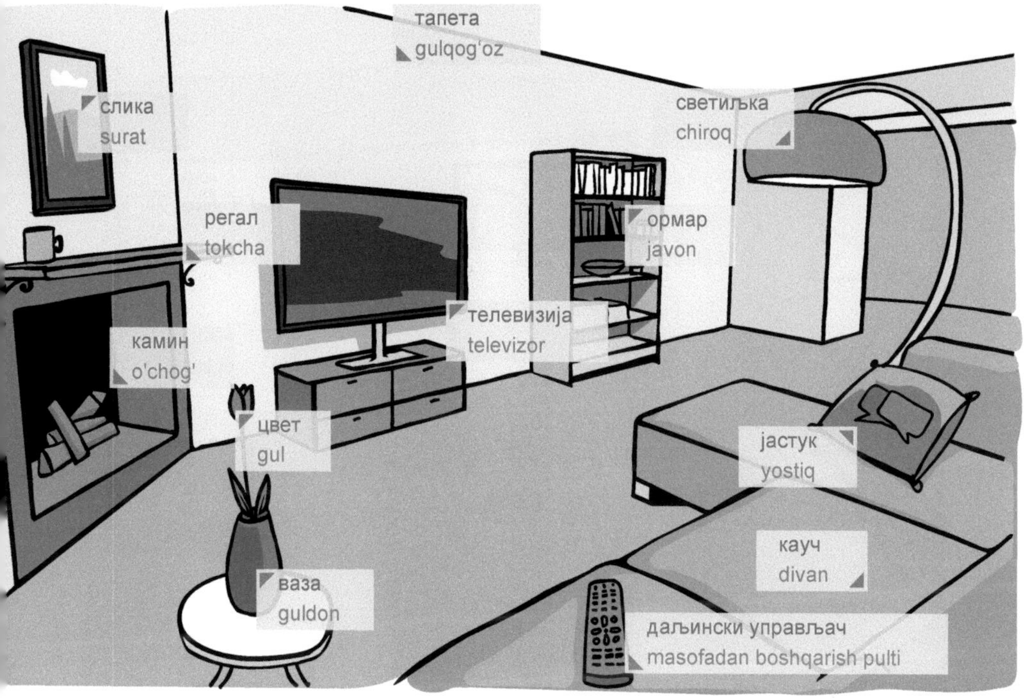

тепих
gilam

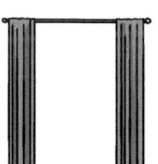

завеса
parda

сто
stol

столица
stul

столица за њихање
tebranma kursi

фотеља
kreslo

дневна соба - mehmonxona

књига
kitob

дека
ko'rpa

декорација
hasham

дрво за огрев
o'tin

филм
kino

хи-фи уређај
stereo qurilma

кључ
kalit

новине
gazeta

слика на платну
rasm

постер
plakat

радио
radio

блок за писање
yon daftar

усисивач
chang yutgich

кактус
kaktus

свећа
sham

дневна соба - mehmonxona

кухиња
oshxona

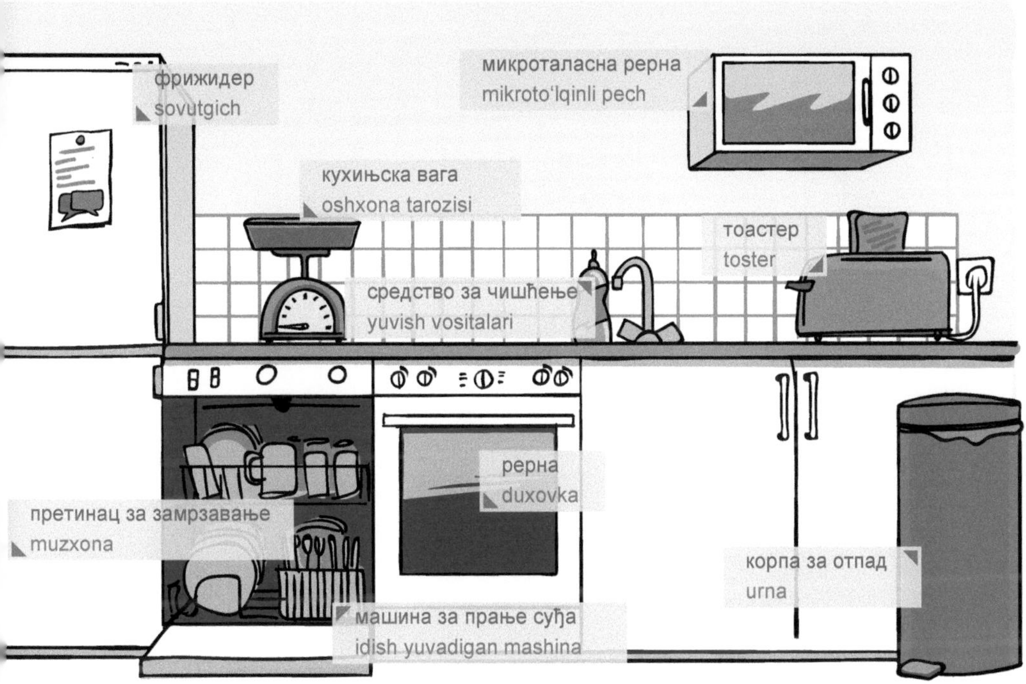

- фрижидер — sovutgich
- микроталасна рерна — mikrotoʻlqinli pech
- кухињска вага — oshxona tarozisi
- средство за чишћење — yuvish vositalari
- тоастер — toster
- претинац за замрзавање — muzxona
- рерна — duxovka
- корпа за отпад — urna
- машина за прање суђа — idish yuvadigan mashina

шпорет
plita

лонац
kastryul

гвоздени лонац
choʻyan qozon

вок / кадаи
boʻrtma tubli tova

тава
tova

кувало за воду
chovgun

кувало на пару

mantiqasqon

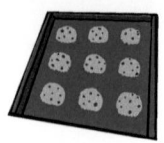

лим за печење

tunuka tova

посуђе

chinni idish

чаша

krushka

посуда

kosa

штапићи за јело

taom yeyish tayoqchalari

кутлача

cho'mich

лопатица

kurakcha

пењача

ko'pirtirgich

сито за кување

chovli

сито

elak

рибеж

qirg'ich

мужар

hovoncha

роштиљ

gril

огњиште

olov

кухиња - oshxona

даска
oshtaxta

оклагија
juva

вадичеп
parmasimon tiqin ochgich

конзерва
konserva

отварач конзерви
konserva ochgich

крпа за лонац
tutgich

судопер
unitaz

четка
idish cho'tka

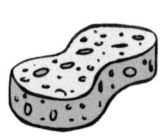

сунђер
qozonsochiq

миксер
qorishtirgich

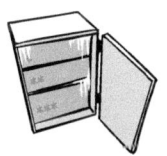

замрзивач
muzlatgich

флашица за бебе
so'rg'ichli chaqaloq butilkasi

славина за воду
kran

кухиња - oshxona

купаоница
vannaxona

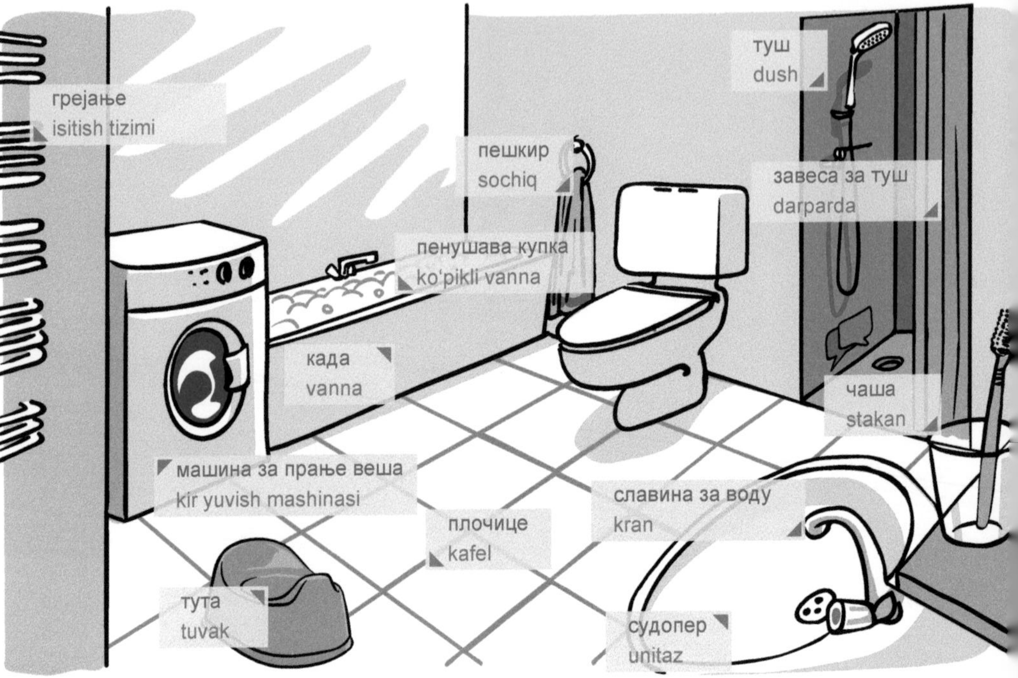

грејање / isitish tizimi

туш / dush

пешкир / sochiq

завеса за туш / darparda

пенушава купка / ko'pikli vanna

када / vanna

чаша / stakan

машина за прање веша / kir yuvish mashinasi

славина за воду / kran

плочице / kafel

тута / tuvak

судопер / unitaz

тоалет
hojatxona

чучавац
polga o'rnatiladigan unitaz

бидет
tahoratdon

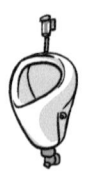

писоар
siydik unitazi

тоалетни папир
hojatxona qog'ozi

четка за тоалет
hojatxona cho'tkasi

четкица за зубе

tish cho'tka

паста за зубе

tish pastasi

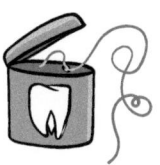

конац за зубе

tish tozalagich ip

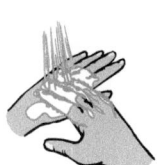

прати

yuvmoq

туш ручица

dastakli dush

туш за прање интимних делова

tahorat uchun dush

лавор

tog'ora

четка за прање леђа

yelka qashlaydigan cho'tka

сапун

sovun

гел за туширање

dush uchun gel

шампон

shampun

крпа за прање

mochalka

одвод

quvur

крема

krem

дезодоранс

dezodorant

купаоница - vannaxona

огледало
ku'zgu

козметичко огледало
qo'l ku'zgusi

бријач
ustara

пена за бријање
ustara uchun ko'pik

лосион за после бријања
salqinlantiruvchi balzam

чешаљ
taroq

четка
cho'tka

фен за косу
fen

спреј за косу
soch uchun lak

шминка
pardoz-andoz

руж за усне
lab uchun pomada

лак за нокте
tirnoq laki

вата
paxta

маказе за нокте
tirnoq qaychisi

парфем
atir

купаоница - vannaxona

козметичка торбица

pardoz-andoz xaltasi

столица

kursi

вага

tarozi

огртач

cho'milish xalati

рукавице за чишћење

rezina qo'lqop

тампон

tampon

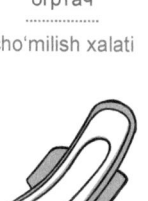

уложак

gigiyenik taglik

хемијски тоалет

biohojatxona

купаоница - vannaxona

дечија соба

bolalar xonasi

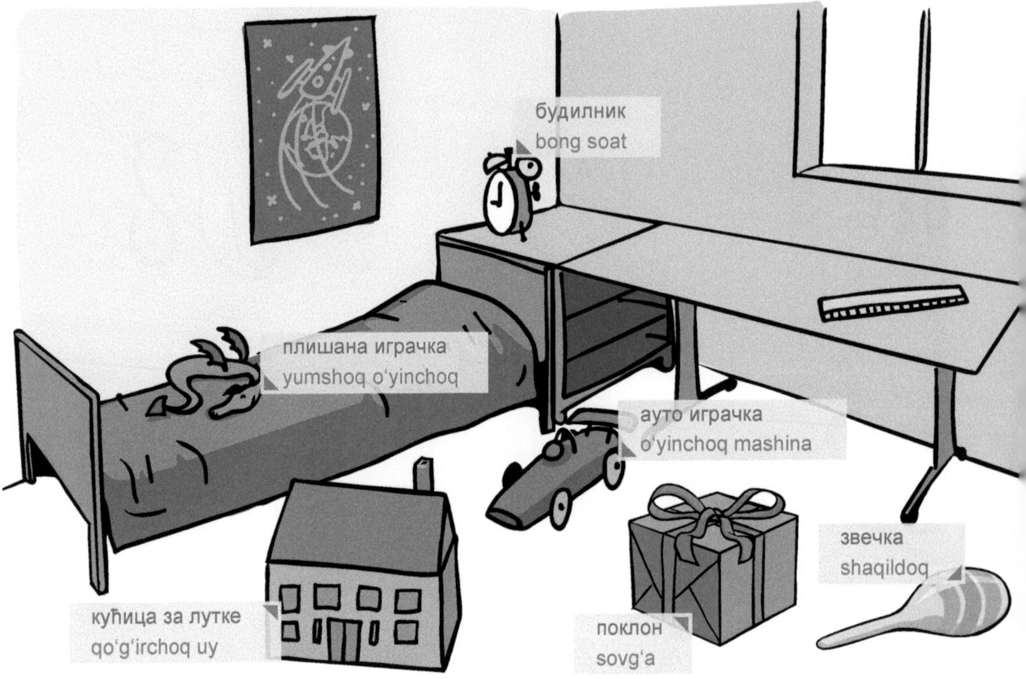

будилник
bong soat
плишана играчка
yumshoq o‘yinchoq
ауто играчка
o‘yinchoq mashina
звечка
shaqildoq
кућица за лутке
qo‘g‘irchoq uy
поклон
sovg‘a

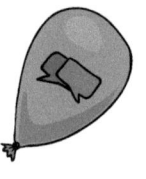

балон

shar

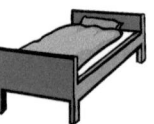

кревет

krovat

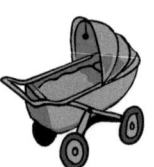

дјечија колица

bolalar aravachasi

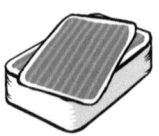

игра са картама

karta to‘plami

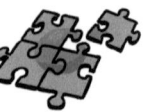

слагалица

terma tasvir

SUPER
MEGA

стрип

kulgili sahna asari

лего коцкице / lego g'ishtlari

коцкице за слагање / o'yinchoq kubiklar

акциони јунак / o'yinchoq qahramon

  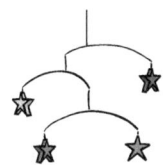

бенкица за бебе / polzunka

фризби / uchar likopcha

висеће играчке / osma shaqildoq

друштвене игре / stol o'yini

коцка / oshiq

минијатурна жељезница / poyezd maketi

дуда / so'rg'ich

забава / o'tirish

сликовница / rasmli kitob

лопта / koptok

лутка / qo'g'irchoq

играти / o'ynamoq

пешчаник
qumdon

љуљачка
arg'imchoq

играчка
o'yinchoqlar

конзола за игре
o'yin pristavkasi

трицикл
uch g'ildirakli velosiped

теди
baxmal ayiq

ормар
kiyim shkafi

одећа
kiyim

кратке чарапе
paypoq

чарапе
chulki

хулахопке
kolgotka

одећа - kiyim

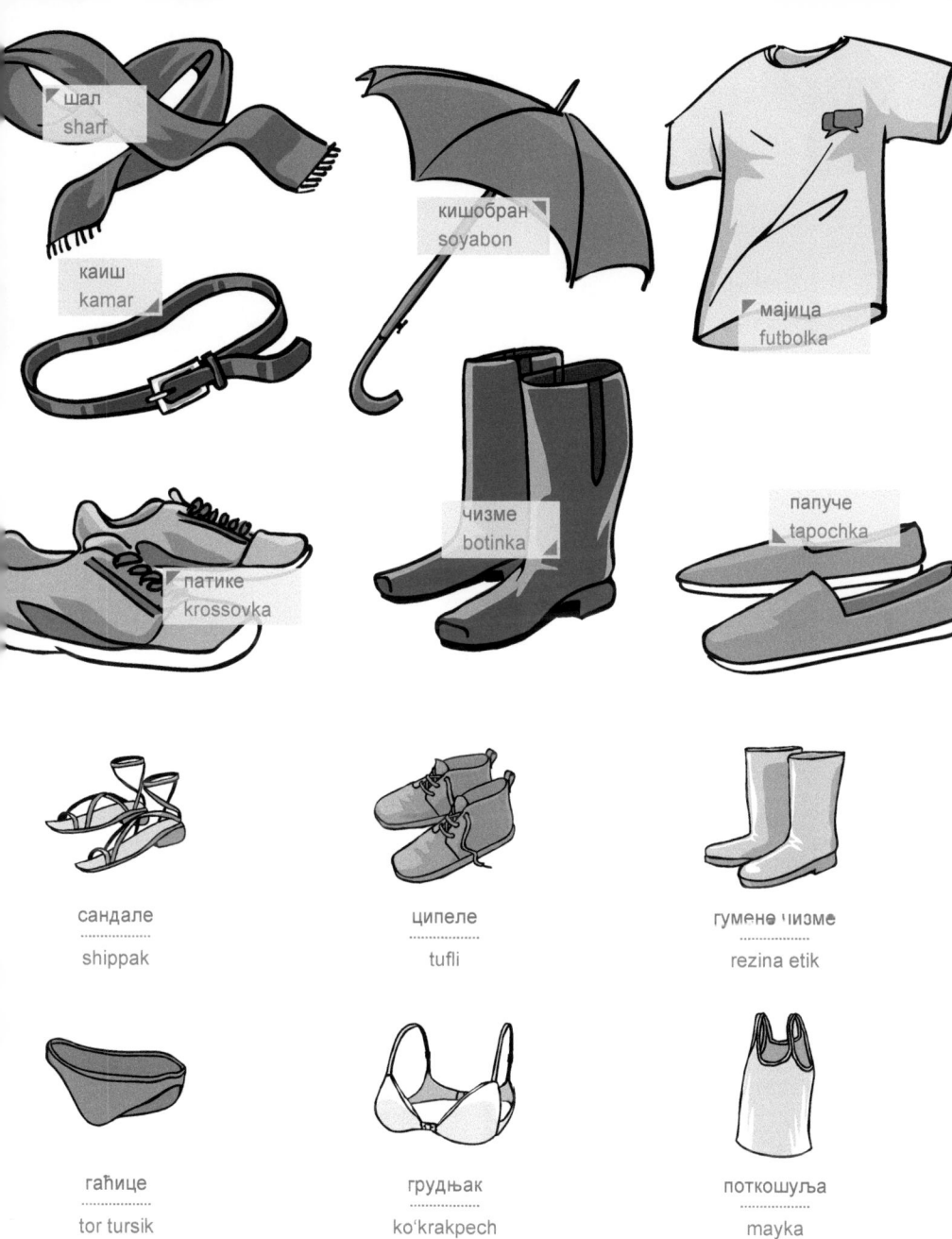

боди
bodi

панталоне
ishton

фармерке
jinsi

сукња
yubka

блуза
kofta

кошуља
ko'ylak

џемпер
jemper

џемпер с капуљачом
uzun chakmon

сако
sport bichimidagi pidjak

јакна
kurtka

мантил
palto

кабаница
plash

костим
libos

хаљина
ko'ylak

венчаница
kelin ko'ylak

одело
kostyum shim

спаваћица
tungi ko'ylak

пиџама
pijama

сари
sari

марама за главу
sholro'mol

турбан
salla

бурка
paranji

кафтан
chakmon

абаја
abaya

купаћи костим
cho'milish kostyumi

купаће гаћице
tursik

кратке панталоне
shortik

одећа за тренинг
sport kostyumi

кецеља
fartuk

рукавице
qo'lqop

дугме
tugma

наочаре
ko'zoynak

наруквица
bilaguzuk

огрлица
munchoq

прстен
uzuk

наушница
sirg'a

капа
kepka

вешалица
palto ilgak

шешир
shlyapa

кравата
bo'yinbog'

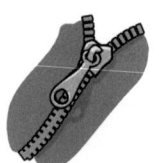

патент затварач
zamok

кацига
dubulg'a

нараменице
shim tortgich

школска униформа
maktab formasi

униформа
forma

подбрадак
oshxo'rak

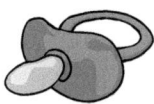
дуда
so'rg'ich

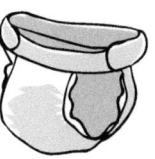
пелена
taglik

канцеларија
idora

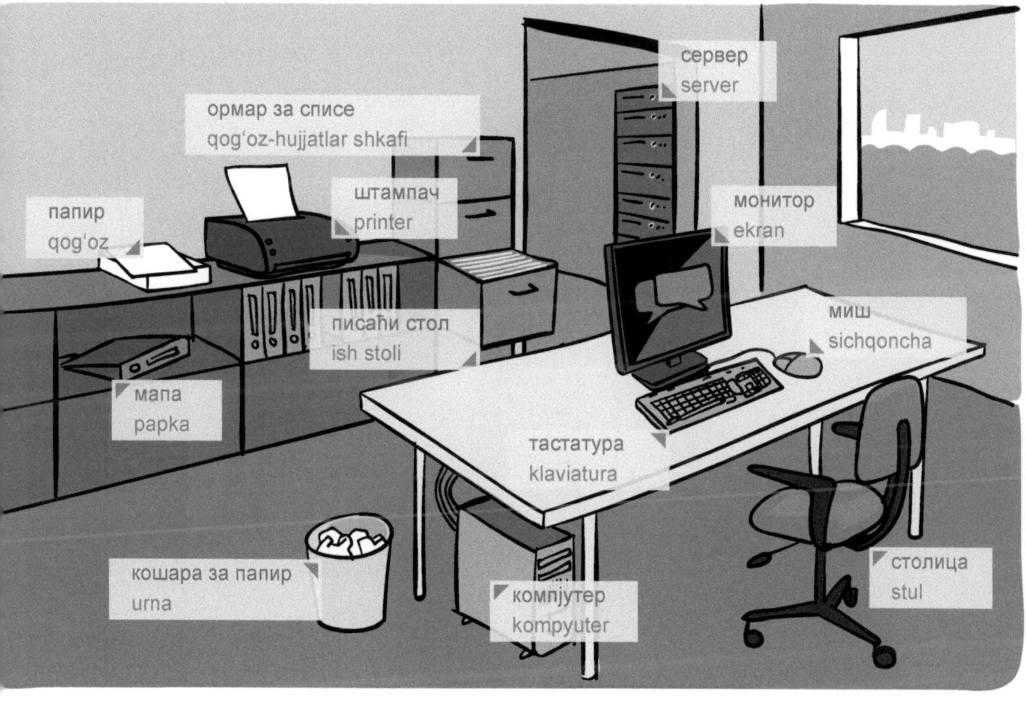

- сервер / server
- ормар за списе / qog'oz-hujjatlar shkafi
- штампач / printer
- монитор / ekran
- папир / qog'oz
- писаћи сто / ish stoli
- миш / sichqoncha
- мапа / papka
- тастатура / klaviatura
- кошара за папир / urna
- компјутер / kompyuter
- столица / stul

шалица за каву
kofe krujkasi

калкулатор
kalkulyator

интернет
internet

канцеларија - idora

лаптоп	писмо	порука
noutbuk	xat	maktub

мобилни телефон	мрежа	уређај за копирање
uyali telefon	tarmoq	nusxa ko'chirgich

софтвер	телефон	утичница
dastur	telefon	rozetka

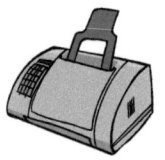 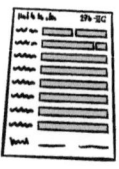 

факс	формулар	документ
faks	shakllar	hujjat

екоnomija
iqtisod

куповати
xarid qilmoq

платити
to'lamoq

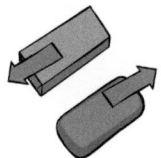

трговати
savdolashmoq

новац
pul

долар
dollar

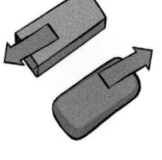

евро
yevro

јен
yyen

рубља
rubl

швајцарски франак
shvetsar franki

ренминдби јуан
Jenminbi xitoy yuani

рупија
rupi

аутомат за новац
bankomat

мењачница
pul ayirboshlash shahobchasi

злато
oltin

сребро
kumush

нафта
neft

енергија
energiya

цена
narx

уговор
shartnoma

порез
soliq

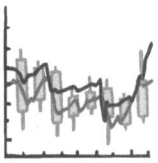

деонице
aktsiya

радити
ishlamoq

службеник
ishchi

послодавац
ish beruvchi

фабрика
zavod

продавница
do'kon

економија - iqtisod

занимања
kasblar

полицајац
politsiyachi

ватрогасац
o't o'chiruvchi

кувар
oshpaz

лекар
shifokor

пилот
uchuvchi

вртлар
bog'bon

столар
duradgor

кројачица
tikuvchi

судија
hakam

хемичар
kimyogar

глумац
aktyor

возач аутобуса

avtobus haydovchi

возач таксија

taksi haydovchisi

рибар

baliq ovlovchi

чистачица

farrosh

кровопокривач

tom ustasi

конобар

ofitsiant

ловац

ovchi

сликар

bo'yoqchi

пекар

nonvoyxona

електричар

elektr ustasi

грађевински радник

quruvchi

инжењер

muhandis

месар

qassob

лимар

suvchi chilangar

поштар

pochtachi

занимања - kasblar

војник
askar

архитекта
me'mor

благајник
kassachi

цвећар
gulchi

фризер
sartarosh

кондуктер
chiptachi

механичар
mexanik

капетан
kapitan

зубар
tish shifokori

научник
olim

раби
yaxudiylar ruhoniysi

имам
imom

монах
rohib

свећеник
ruhiniy

занимања - kasblar

алати
asboblar

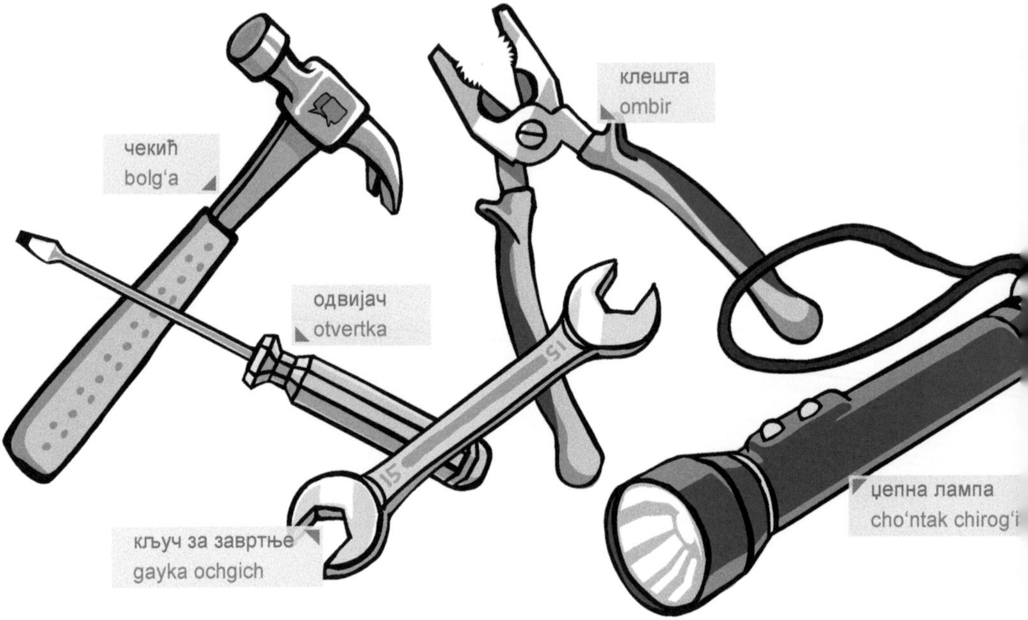

чекић
bolg'a

клешта
ombir

одвијач
otvertka

кључ за завртње
gayka ochgich

џепна лампа
cho'ntak chirog'i

багер
ekskavator

кутија за алат
asboblar qutisi

мердевине
narvon

пила
qo'larra

ексер
mix

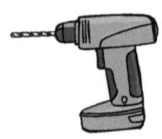

бушилица
parmadasta

поправити
tuzatmoq

лопата
belkurak

до ђавола!
Jin ursin!

лопатица
xokandoz

лонац за боју
bo'yoq idish

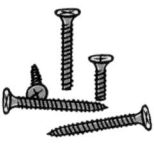
завртањи
burama mix

музички инструмент
musiqa asboblari

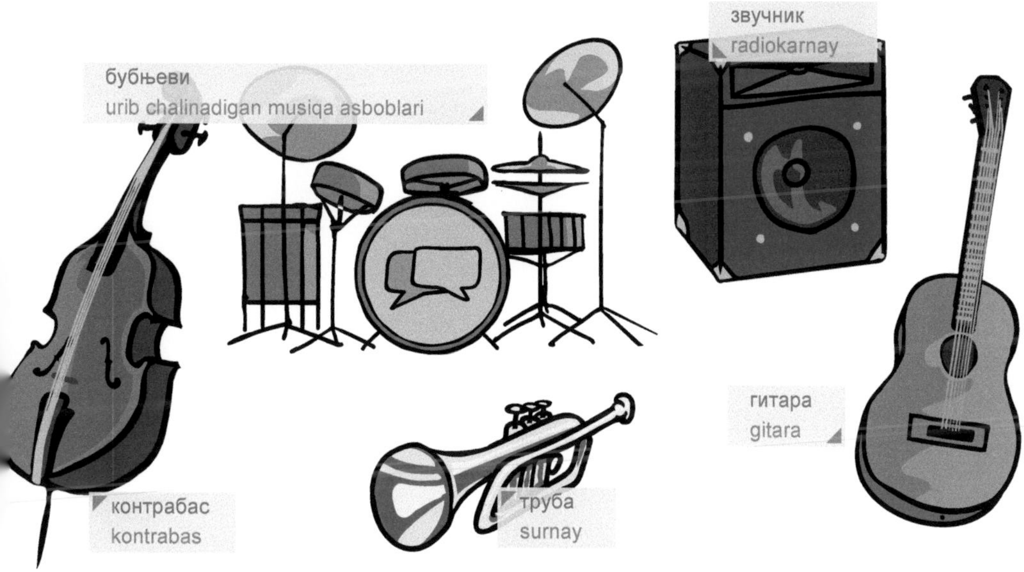

бубњеви
urib chalinadigan musiqa asboblari

звучник
radiokarnay

контрабас
kontrabas

труба
surnay

гитара
gitara

клавир
pianino

виолина
g'ijjak

бас
bas-gitara

тимпани
qo'shnog'ora

ударальке за бубњеве
do'mbira

типке клавира
klaviatura

саксофон
saksofon

флаута
nay

микрофон
mikrofon

музички инструмент - musiqa asboblari

зоолошки врт
hayvonot bog'i

улаз
kirish

тигар
arslon

кавез
qafas

зебра
zebra

храна за животиње
yem

панда
panda

животиње
hayvonlar

слон
fil

кенгур
kenguru

носорог
karkidon

горила
gorilla

медвед
ayiq

камила
tuya

ној
tuyaqush

лав
sher

мајмун
maymun

фламинго
qizil g'oz

папагај
to'ti

поларни медвед
oq ayiq

пингвин
pingvin

ајкула
akula

паун
tovus

змија
ilon

крокодил
timsoh

чувар у зоолошком врту
hayvonot bog'i qorovuli

туљан
tyulen

јагуар
yaguar

зоолошки врт - hayvonot bog'i

пони
to'pichoq ot

леопард
qoplon

нилски коњ
begemot

жирафа
jirafa

орао
burgut

дивља свиња
erkak cho'chqa

риба
baliq

корњача
toshbaqa

морж
morj

лисица
tulki

газела
ohu

спорт
sport o'yinlari

активности
mashgʻulot

скочити / sakramoq

смејати се / kulmoq

загрлити / quchmoq

ићи / yurmoq

певати / kuylamoq

сањати / hayol qilmoq

молити се / ibodat qilmoq

пољубити / oʻpmoq

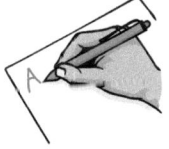

писати
yozmoq

цртати
chizmoq

показати
koʻrsatmoq

гурати
itarmoq

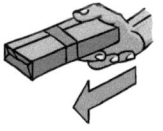

дати
bermoq

узети
olmoq

имати

ega bo'lmoq

чинити

bajarmoq

бити

bo'lmoq

стојати

turmoq

трчати

yugurmoq

повлачити

tortmoq

бацити

uloqtirmoq

падати

yiqilmoq

лежати

aldamoq

чекати

kutmoq

носити

tashimoq

седити

o'tirmoq

облачити

kiyinmoq

спавати

uxlamoq

пробудити се

uyg'onmoq

активности - mashg'ulot

гледати
qaramoq

плакати
yig'lamoq

миловати
zarba bermoq

чешљати
taramoq

говорити
gaplashmoq

разумети
tushunmoq

питати
so'ramoq

слушати
tinglamoq

пити
ichmoq

јести
yemoq

поспремити
yig'ishtirmoq

волети
sevmoq

кухати
pishirmoq

возити
haydamoq

летети
uchmoq

активности - mashg'ulot

пловити
kemada suzmoq

рачунати
sanamoq

читати
o'qimoq

учити
o'rganmoq

радити
ishlamoq

венчати се
turmush qurmoq

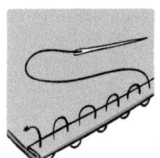

шити
tikmoq

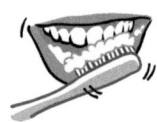

прати зубе
tish yuvmoq

убити
o'ldirmoq

пушити
chekmoq

послати
yo'llamoq

породица
oila

баба
buvi

деда
buva

отац
ota

мајка
ona

беба
chaqaloq

кћерка
qiz

син
oʻgʻil

гост

mehmon

тетка

amma

ујак, стриц

togʻa

брат

aka

сестра

opa

тело
tana

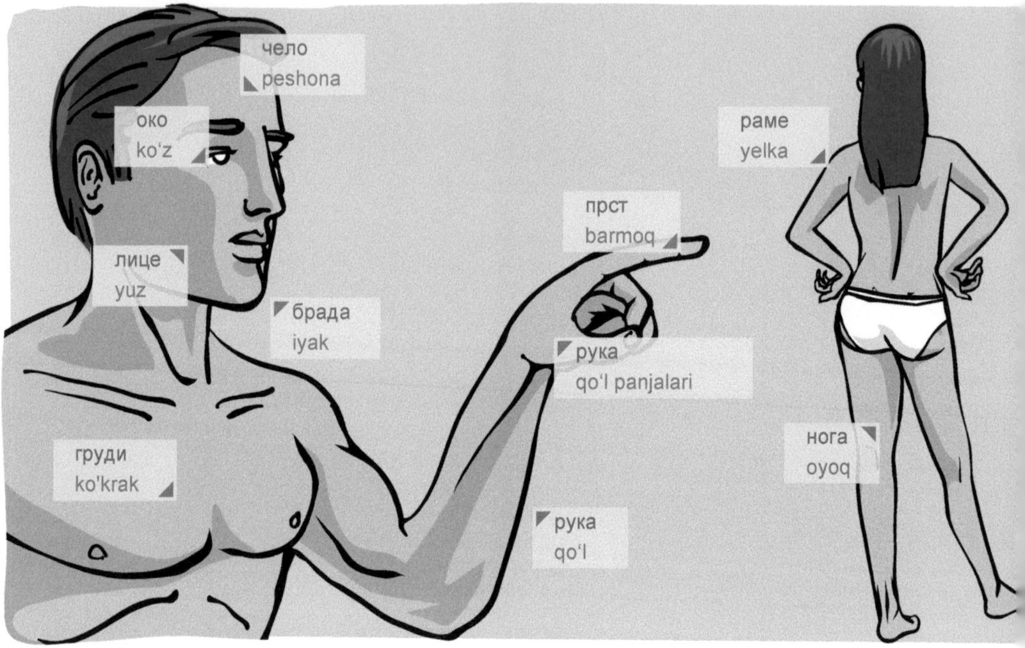

чело / peshona
око / ko'z
лице / yuz
груди / ko'krak
брада / iyak
прст / barmoq
рука / qo'l panjalari
рука / qo'l
раме / yelka
нога / oyoq

беба
chaqaloq

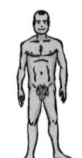

мушкарац
odam

жена
ayol

девојчица
qiz bola

дечак
o'g'il bola

глава
bosh

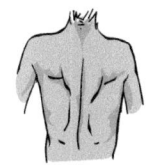

леђа
orqa

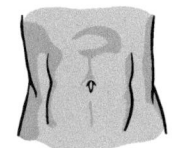

стомак
qorin

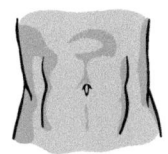

пупак
kindik

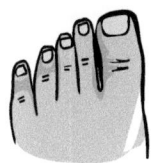

ножни прст
oyoq barmoqlari

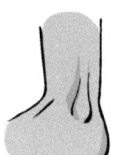

пета
tovon

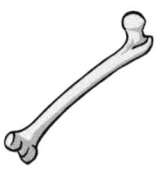

кост
suyak

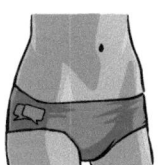

кукови
bel

колено
tizza

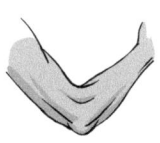

лакат
tirsak

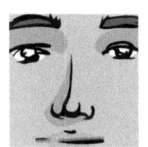

нос
burun

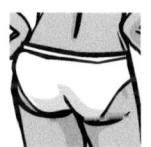

задњица
dumba

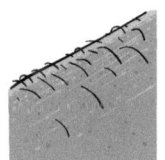

кожа
teri

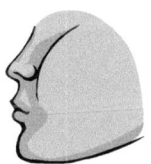

образ
yanoq

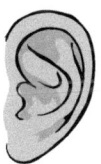

уво
quloq

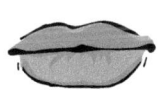

усна
lab

тело - tana

уста
og'iz

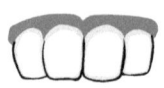

зуб
tish

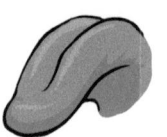

језик
til

мозак
miya

срце
yurak

мишић
mushak

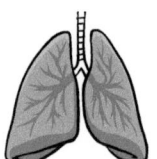

плућа
o'pka

јетра
jigar

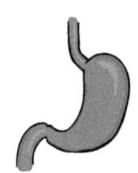

желудац
oshqozon

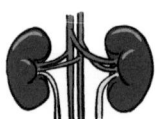

бубрези
buyrak

полни однос
jinsiy aloqa

кондом
prezervativ

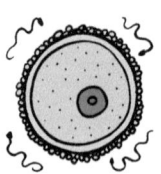

јајна ћелија
tuxum ho'jayra

сперма
urug'

трудноћа
homiladorlik

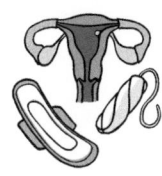

менструација
hayz

вагина
bachadon

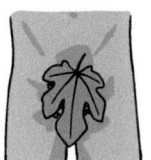

пенис
olat

обрва
qosh

коса
soch

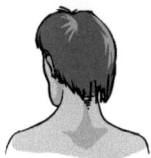

врат
bo'yin

тело - tana

болница
shifoxona

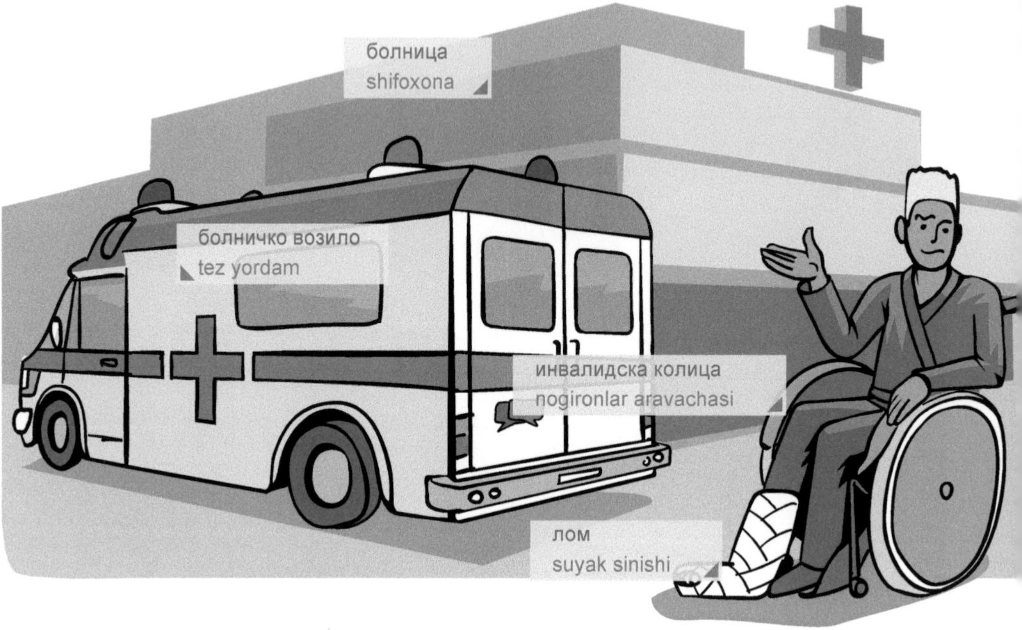

болница
shifoxona

болничко возило
tez yordam

инвалидска колица
nogironlar aravachasi

лом
suyak sinishi

лекар

shifokor

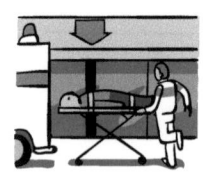

хитна медицинска служба

Shoshilich tibbiy yordam
ko'rsatish bo'limi

медицинска сестра

hamshira

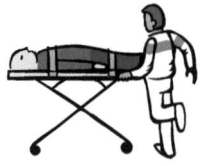

хитни случај

tez yordam

несвест

hushsizlik

бол

og'riq

повреда
jarohat

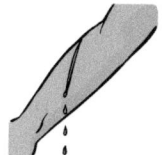

крварење
qonash

срчани удар
yurak xuruji

удар
insulьt

алергија
allergiya

кашаљ
yo'tal

грозница
isitma

грипа
tumov

пролив
ichburug'

главобоља
bosh og'rig'i

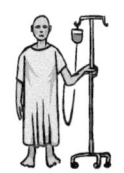

рак
saraton kasalligi

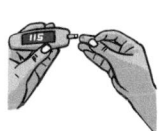

дијабетес
qandli diabet

хирург
jarroh

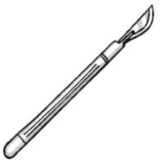

скалпел
jarroh pichog'i

операција
jarrohlik amaliyoti

болница - shifoxona

цт
tomografiya

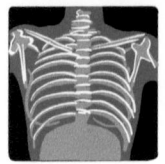
рентген
rentgen

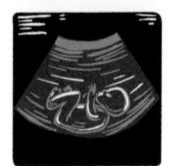
ултразвук
ultratovush tekshiruvi

маска
yuz niqobi

болест
kasallik

чекаона
qabulxona

штака
qo'ltiqtayoq

фластер
malhamli plastir

завој
bint

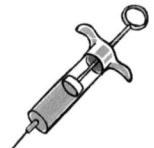
ињекција
ukol

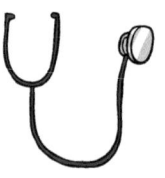
стетоскоп
yurak urushini va o'pkani
eshitib ko'radigan asbob

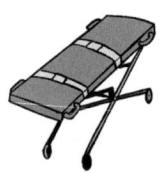
носила
bemorlar uchun zambil

термометар
termometr

рођење
tug'ruq

прекомерна тежина
semizlik

болница - shifoxona

слушни апарат	средство за дезинфекцију	инфекција
eshitish moslamasi	dezinfektsiyalovchi vosita	infektsiya

вирус	хив / аидс	медицина
virus	OIV / OITS	dori
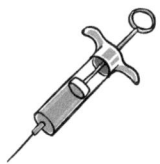	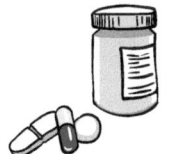	
вакцинација	таблете	пилула
emlash	tabletka	dori

хитни позив	уређај за мерење притиска	болесно / здраво
tez yordam qo'ng'irog'i	qon bosimini o'lchash asbobi	kasal / sog'lom

болница - shifoxona

хитни случај
tez yordam

помоћ!
Yordamga!

аларм
xavf-xatar ishorasi

насртај
tajovuz

напад
hujum

опасност
xavf

излаз у случају нужде
favqulodda holatlarda chiqish eshigi

пожар!
Yong'in

противпожарни апарат
o't o'chirgich

незгода
falokat

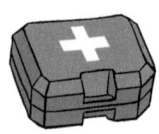
кутија прве помоћи
birinchi tibbiy yordam to'plami

сос
falokat signali

полиција
politsiya

земља
yer

Европа
Yevropa

Северна Америка
Shimoliy Amerika

Јужна Америка
Janubiy Amerika

Африка
Afrika

Азија
Osiyo

Аустралија
Avstraliya

Атлантик
Anlantika okeani

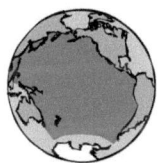

Пацифик
Tinch okeani

Индијски океан
Hind okeani

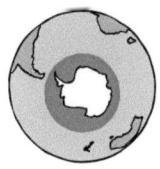

Антарктички океан
Antarktida okeani

Арктички океан
Arktika okeani

Северни рол
Shimoliy qutb

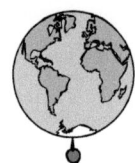		
Јужни рол Janubiy qutb	Антарктик Antarktika	земља yer

земља oʻlka	море dengiz	оток orol
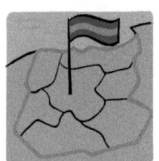	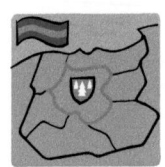	
нација millat	држава davlat	

сат
soat

бројчаник сата
astronomik vaqt ko'rsatgichi

сатна казаљка
soat mili

минутна казаљка
daqiqa mili

секундна казаљка
lahza mili

Колико је сати?
Soat necha?

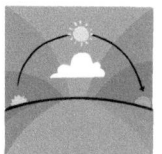

дан
kun

време
vaqt

сада
hozir

дигитални сат
raqamli soat

минута
daqiqa

час
soat

седмица
xafta

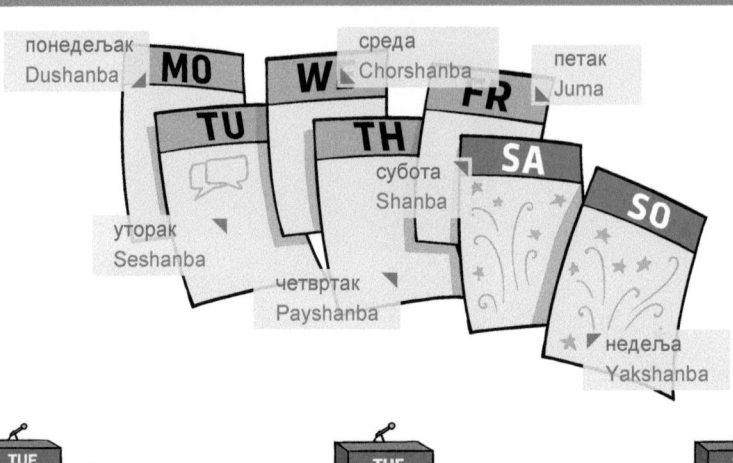

понедељак
Dushanba

среда
Chorshanba

петак
Juma

субота
Shanba

уторак
Seshanba

четвртак
Payshanba

недеља
Yakshanba

јуче
kecha

данас
bugun

сутра
ertaga

јутро
ertalab

подне
peshin

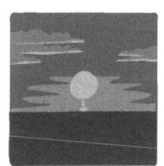

вече
kechqurun

радни дани
ish kunlari

викенд
dam olish kunlari

година

yil

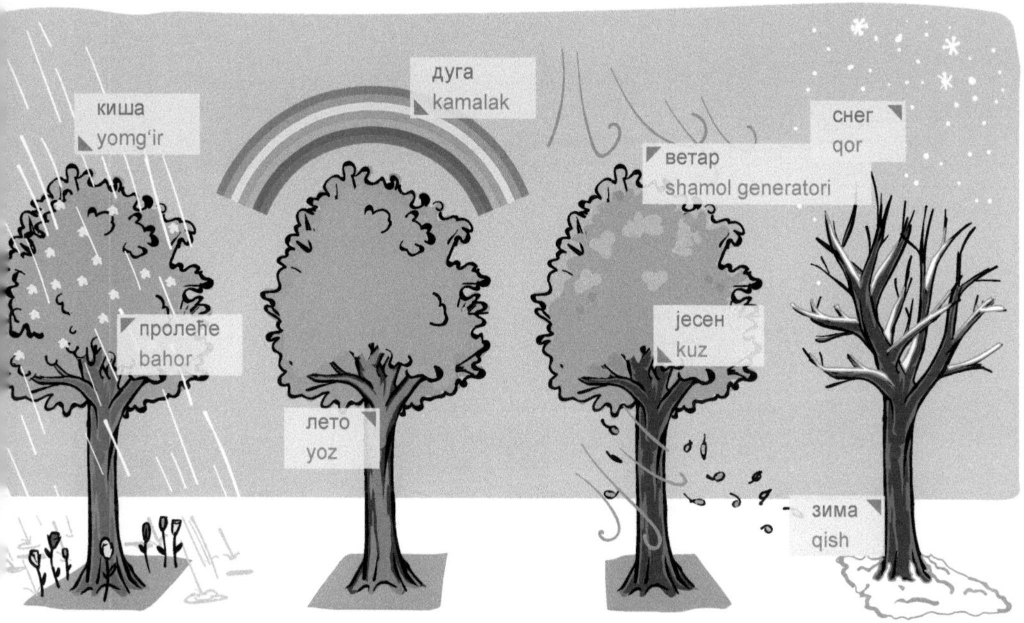

киша
yomg'ir
дуга
kamalak
снег
qor
ветар
shamol generatori
пролеће
bahor
јесен
kuz
лето
yoz
зима
qish

4.APRIL 11°
5.APRIL 4°
6.APRIL 13°
7.APRIL 8°
8.APRIL 10°

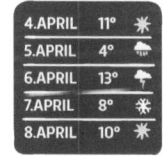

метеоролошка прогноза

ob-havo ma'lumoti

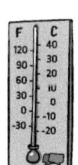

термометар

termometr

сунчана светлост

quyoshli

облак

bulut

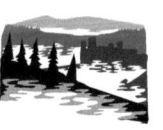

магла

tuman

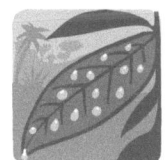

влажност ваздуха

namgarchilik

муња
chaqmoq

грмљавина
momoqaldiroq

олуја
bo'ron

туча
do'l

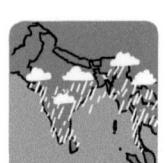
монсун
namgarchilik mavsumi

поплава
toshqin

лед
muz

јануар
Yanvar

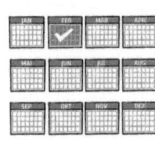
фебруар
Fevral

март
Mart

април
Aprel

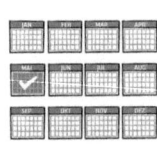
мај
May

јуни
Iyun

јули
Iyul

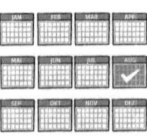
август
Avgust

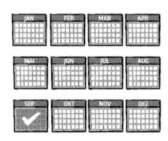
септембар
Sentyabr

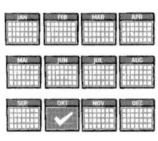
октобар
Oktyabr

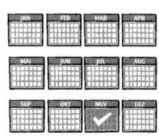
новембар
Noyabr

децембар
Dekabr

облици
shakllar

круг
aylana

квадрат
kvadrat

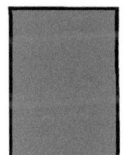
правоугао
to'rtburchak

троугао
uchburchak

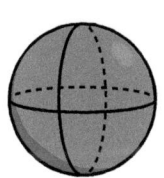
кугла
doira

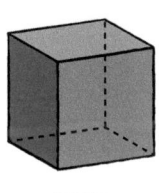
коцка
kub

боје
ranglar

бела
oq

жута
sariq

наранџаста
sabzi rang

ружичаста
pushti

црвена
qizil

љубичаста
to'q qizil

плава
ko'k

зелена
yashil

смеђа
jigar rang

сива
kul rang

црна
qora

супротности
qarama-qarshi ma'noli so'zlar

много / мало
ko'p / oz

љутито / мирно
g'azabli / xotirjam

лепо / ружно
go'zal / xunuk

почетак / крај
boshi / oxiri

велико / малено
katta / kichik

светло / тамно
yorug' / qorong'u

брат / сестра
aka / singil

чисто / прљаво
toza / iflos

потпуно / непотпуно
to'liq / chala

дан / ноћ
kun / tun

мртво / живо
o'lik / tirik

широко / уско
keng / tor

јестиво / нејестиво

yesa bo'ladigan / yesa bo'lmaydigan

зло / добро

yovuz / xayrli

узбуђено / досадно

hayajonli / zerikarli

дебело / мршаво

semik / oriq

на почетку / на крају

birinchi / oxirgi

пријатељ / непријатељ

do'st / dushman

пуно / празно

to'la / bo'sh

тврдо / мекано

qattiq / yumshoq

тешко / лагано

og'ir / yengil

глад / жеђ

ochlik / chanqov

болесно / здраво

kasal / sog'lom

илегално / легално

noqonuniy / qonuniy

паметно / глупо

ziyoli / kaltafahm

лево / десно

chap / o'ng

близу / далеко

yaqin / uzoq

супротности - qarama-qarshi ma'noli so'zlar

ново / половно

yangi / ishlatilgan

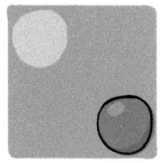

ништа / нешто

hech narsa / bir narsa

старо / младо

qari / yosh

укључено / искључено

yoniq / o'chiq

отворено / затворено

ochiq / yopiq

тихо / гласно

past / baland

богато / сиромашно

boy / kambag'al

тачно / погрешно

to'g'ri / noto'g'ri

храпаво / глатко

notekis / tekis

тужно / сретно

xafa / xursand

кратко / дуго

qisqa / uzun

полако / брзо

sekin / tez

мокро / сухо

nam / quruq

топло / хладно

iliq / salqin

рат / мир

urush / tinchlik

супротности - qarama-qarshi ma'noli so'zlar

бројеви
raqamlar

0
нула
nol

1
један
bir

2
два
ikki

3
три
uch

4
четири
to'rt

5
пет
besh

6
шест
olti

7
седам
yetti

8
осам
sakkiz

9
девет
to'qqiz

10
десет
o'n

11
једанаест
o'n bir

12
дванаест
o'n ikki

13
тринаест
o'n uch

14
четрнаест
o'n to'rt

15
петнаест
o'n besh

16
шестнаест
o'n olti

17
седамнаест
o'n yetti

18
осамнаест
o'n sakkiz

19
деветнаест
o'n to'qqiz

20
двадесет
yigirma

100
стотину
yuz

1.000
хиљаду
ming

1.000.000
милион
million

језици
tillar

енглески
Ingliz

амерички енглески
Amerikacha ingliz tili

мандарински кинески
Xitoy tilining Mandarin lahchasi

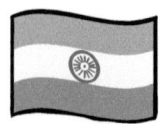

хиндски
Hind

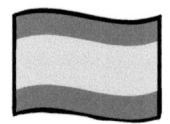

шпански
Ispan

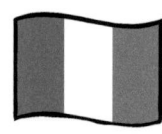

француски
Frantsuz

арапски
Arab

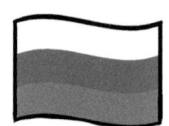

руски
Rus

португалски
Portugal

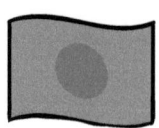

бенгалски
Bengal

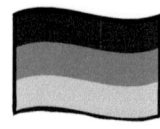

немачки
Nemis

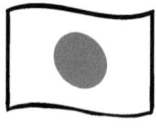

јапански
Yapon

ко / шта / како
kim / nima / qanday

ја
Men

ти
Sen

он / она / оно
u / u / u

ми
biz

ви
sizlar

они
ular

Ко?
kim?

Шта?
nima?

Како?
qanday?

Где?
qayerda?

Када?
qachon?

име
ism

где
qayerda

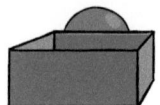

иза

orqada

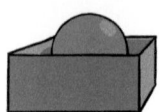

у

ichida

испред

oldida

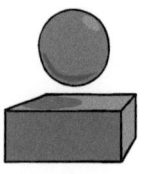

преко

uzra

на

ustida

испод

tagida

поред

yonida

између

o'rtasida

место

joy